FULL SCORE

WSL-07-037
＜吹奏楽セレクション楽譜＞

Don't Stop Me Now

Freddie Mercury　作曲
郷間幹男　編曲

楽器編成表		
木管楽器	金管・弦楽器	打楽器・その他
Piccolo	B♭ Trumpet 1	Drums
Flute 1	B♭ Trumpet 2	Percussion 1
Flute 2	B♭ Trumpet 3	…Wind Chime,Tambourine
Oboe	F Horns 1 & 2	Percussion 2
Bassoon	F Horns 3 (& *4)	…Glockenspiel
B♭ Clarinet 1	Trombone 1	Percussion 3
B♭ Clarinet 2	Trombone 2	…Vibraphone
B♭ Clarinet 3	Trombone 3	
Bass Clarinet	Euphonium	
Alto Saxophone 1	Tuba	Full Score
Alto Saxophone 2	Electric Bass	
Tenor Saxophone	(String Bass)	
Baritone Saxophone		

＊イタリック表記の楽譜はオプション

Don't Stop Me Now – 4

ご注文について

ウィンズスコアの商品は全国の楽器店、ならびに書店にてお求めになれますが、店頭でのご購入が困難な場合、当社PC&モバイルサイト・FAX・電話からのご注文で、直接ご購入が可能です。

◎当社PCサイトでのご注文方法

http://www.winds-score.com

上記のURLへアクセスし、WEBショップにてご注文ください。

◎FAXでのご注文方法

FAX. 03-6809-0594

24時間、ご注文を承ります。当社サイトよりFAXご注文用紙をダウンロードし、印刷、ご記入の上ご送信ください。

◎電話でのご注文方法

TEL. 0120-713-771

営業時間内にお電話いただければ、電話にてご注文を承ります。

◎モバイルサイトでのご注文方法

右のQRコードを読み取ってアクセスいただくか、URLを直接ご入力ください。

※この出版物の全部または一部を権利者に無断で複製(コピー)することは、著作権の侵害にあたり、著作権法により罰せられます。

※造本には十分注意しておりますが、万一落丁乱丁などの不良品がありましたらお取替え致します。また、ご意見ご感想もホームページより受け付けておりますので、お気軽にお問い合わせください。

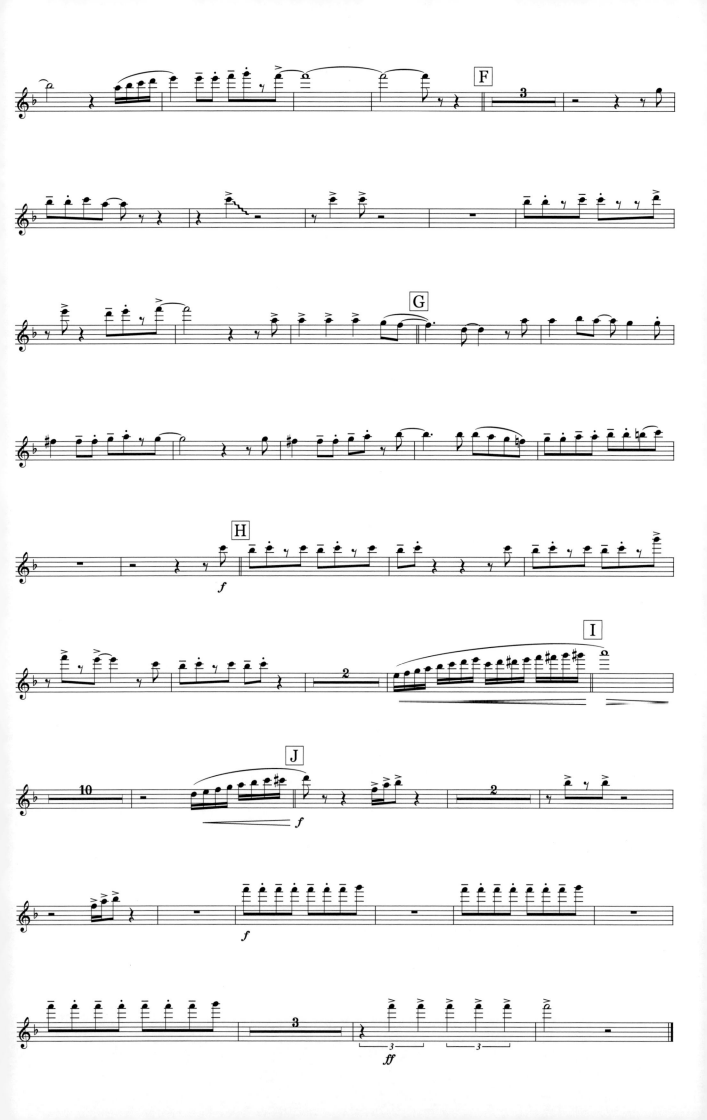

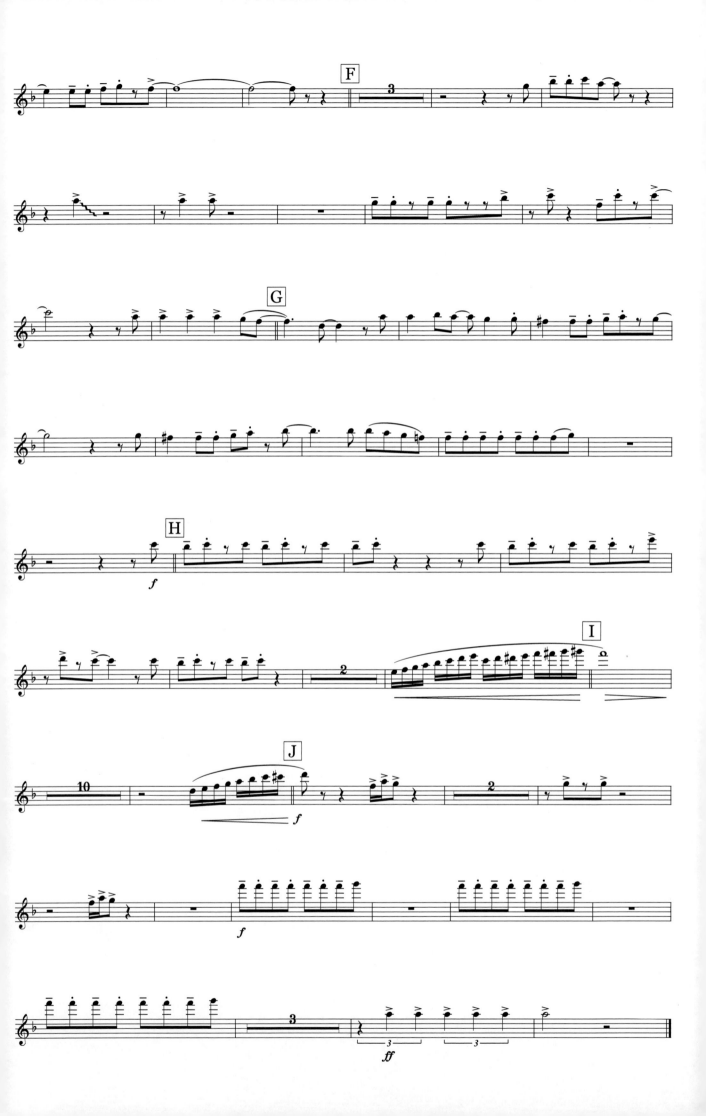

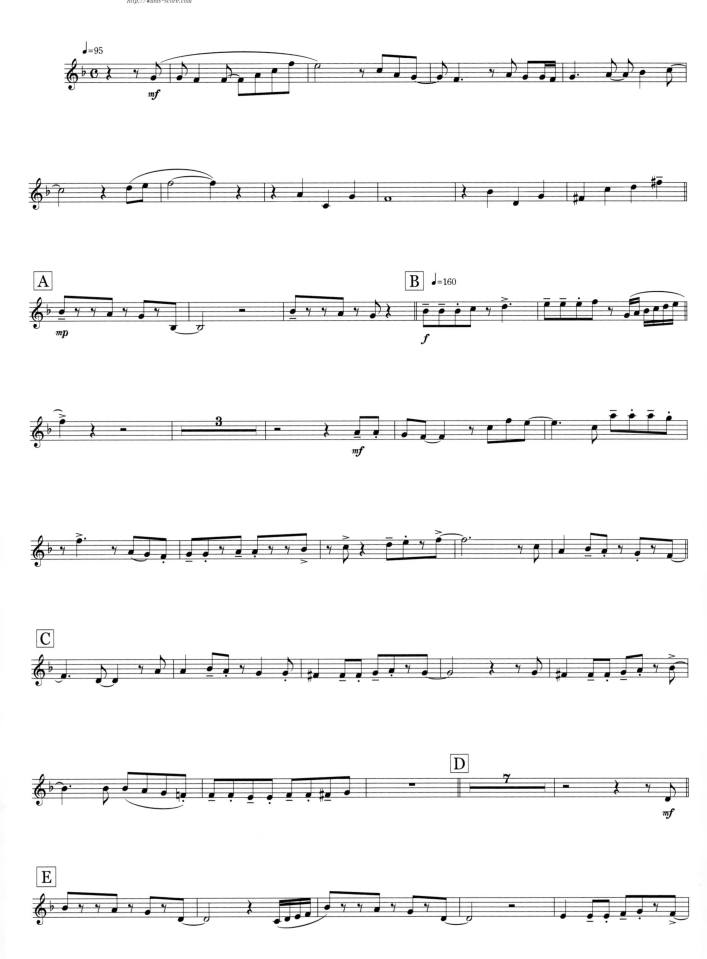

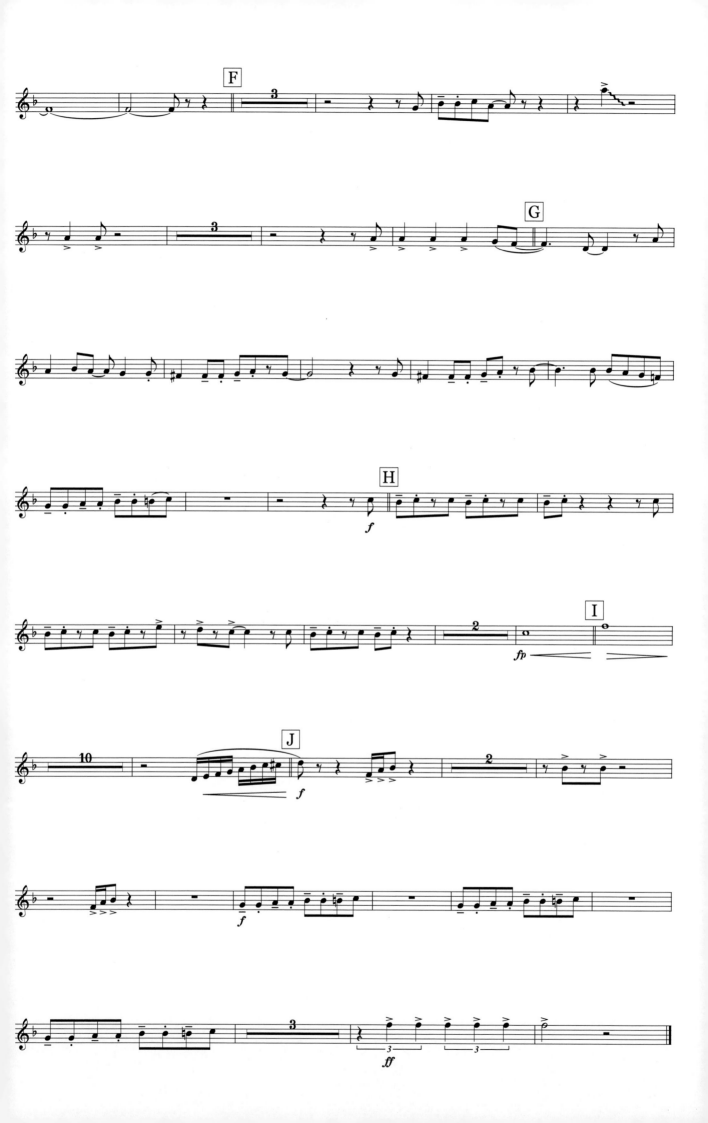

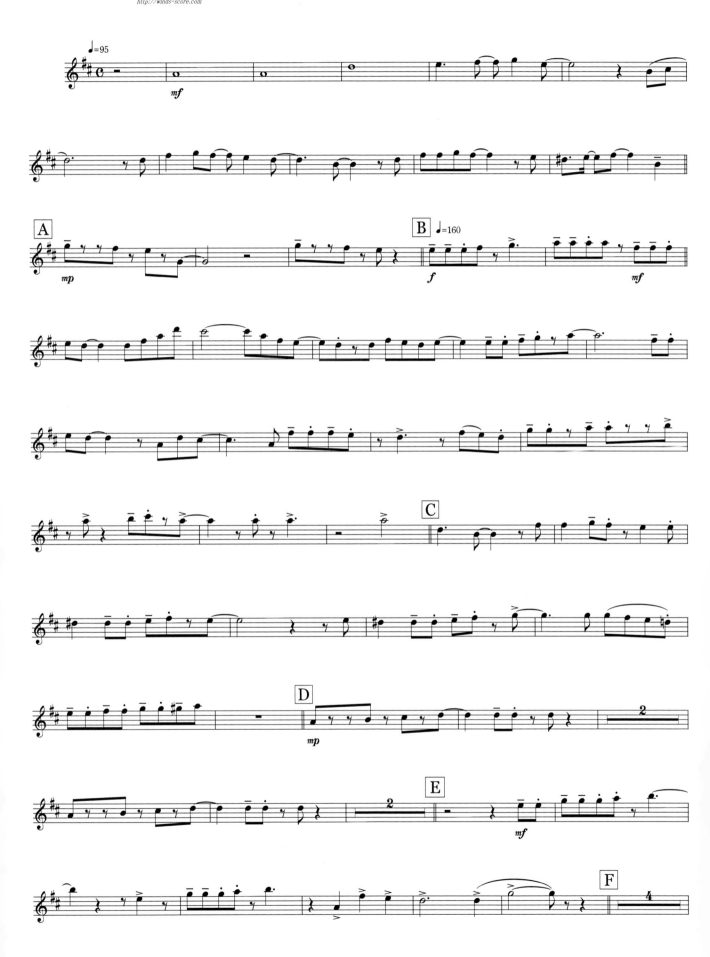

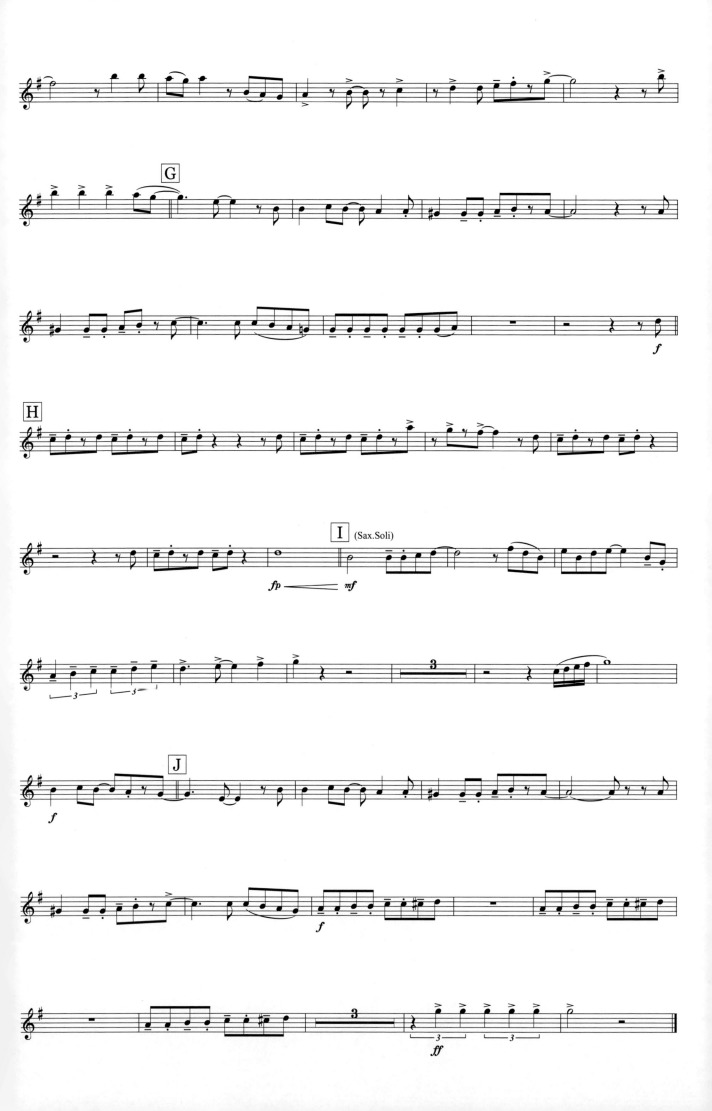

B♭ Trumpet 1

Don't Stop Me Now
QUEEN

comp. by Mercury
arr. by 郷間幹男

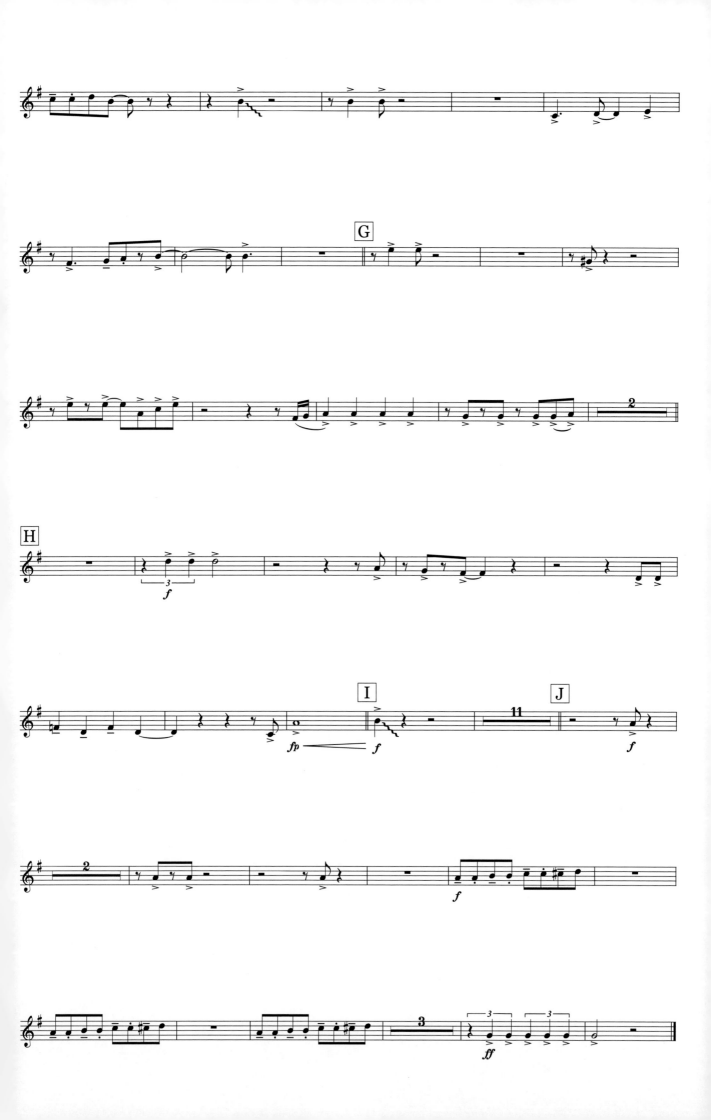

II

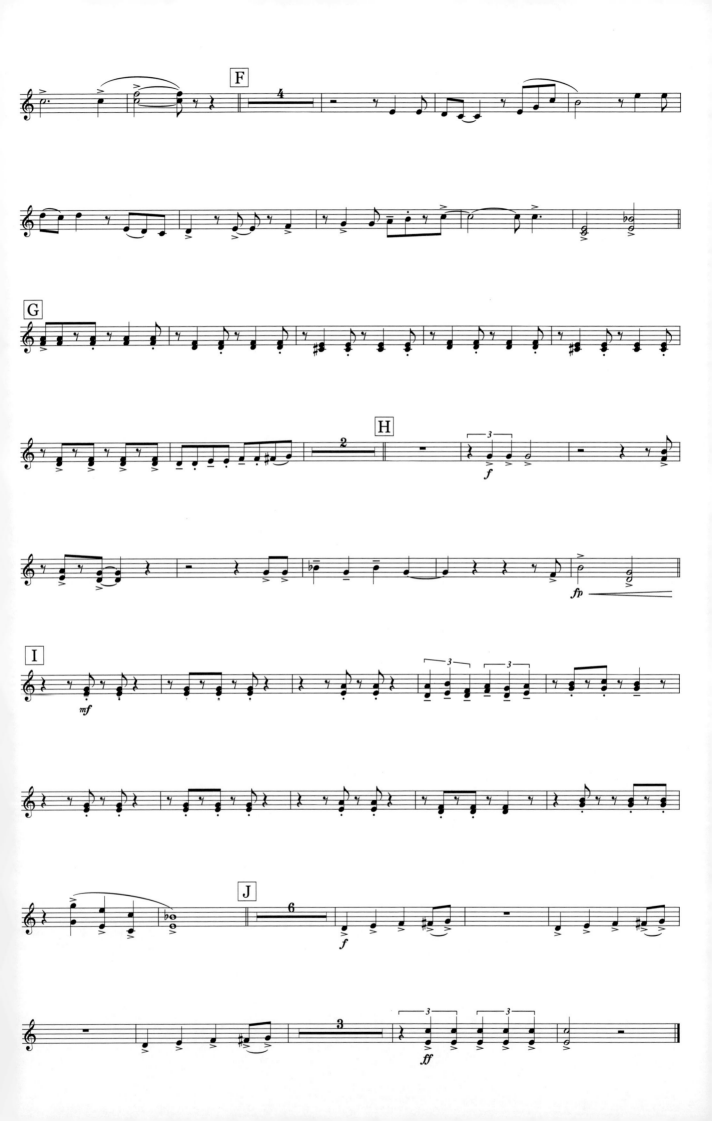

Don't Stop Me Now
QUEEN

Trombone 1

comp. by Mercury
arr. by 郷間幹男

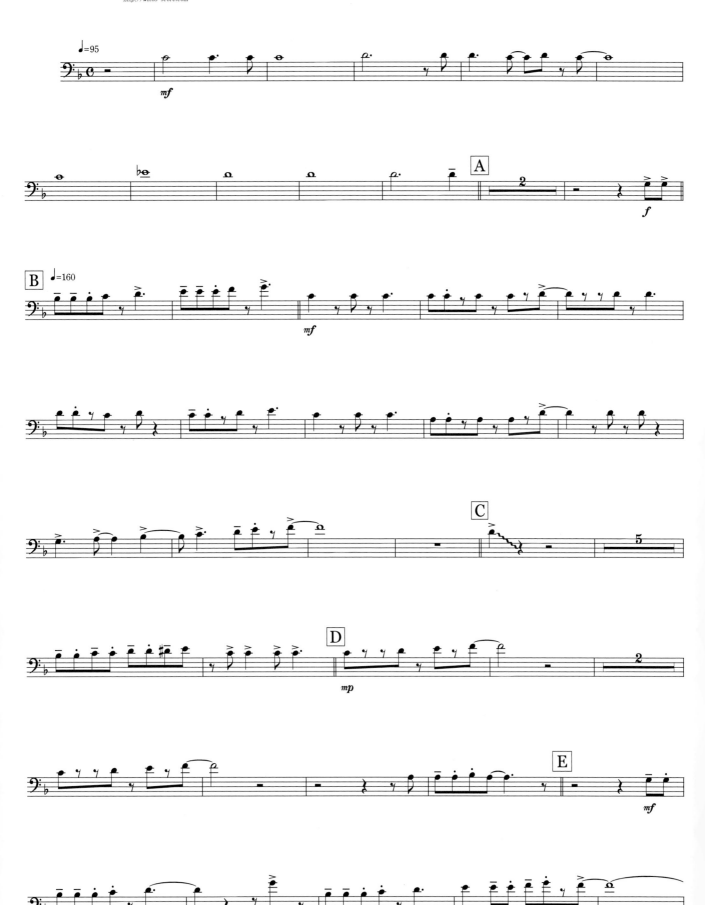

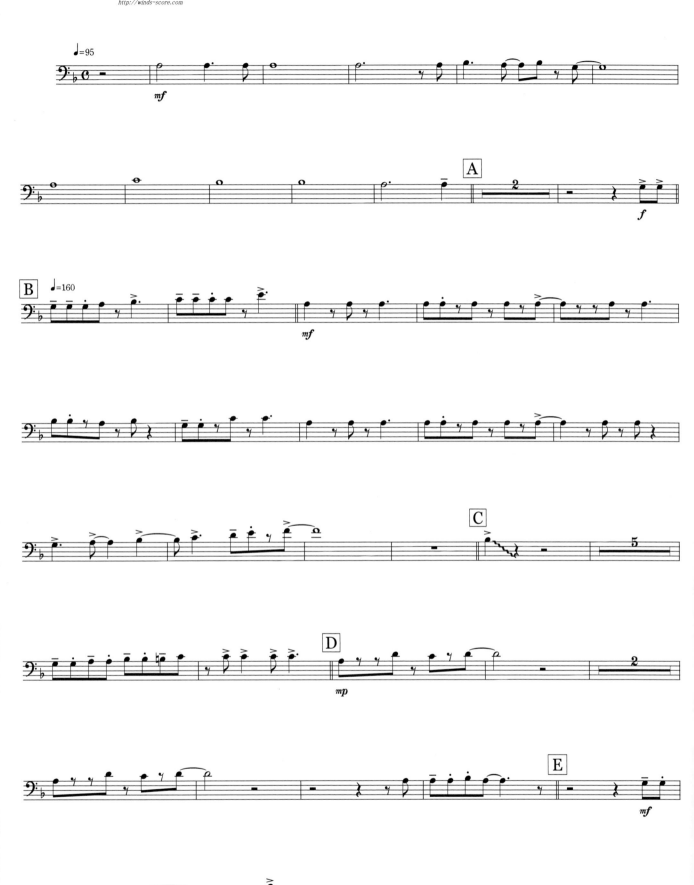

Trombone 3

Don't Stop Me Now
QUEEN

comp. by Mercury
arr. by 郷間幹男

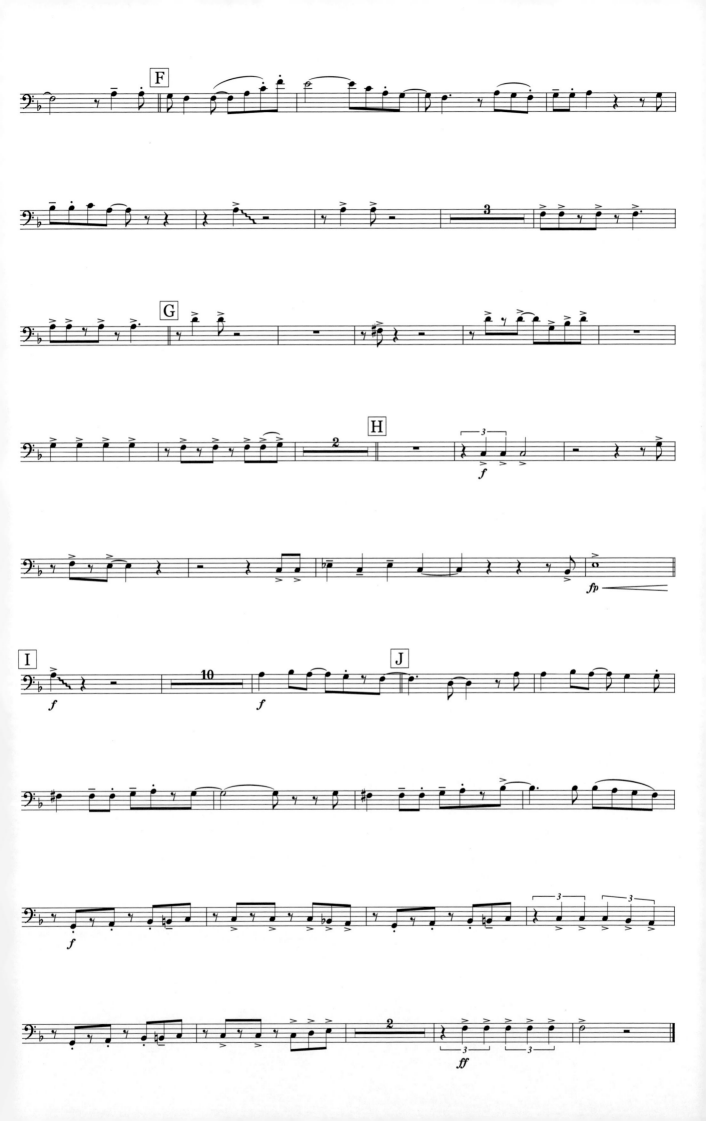

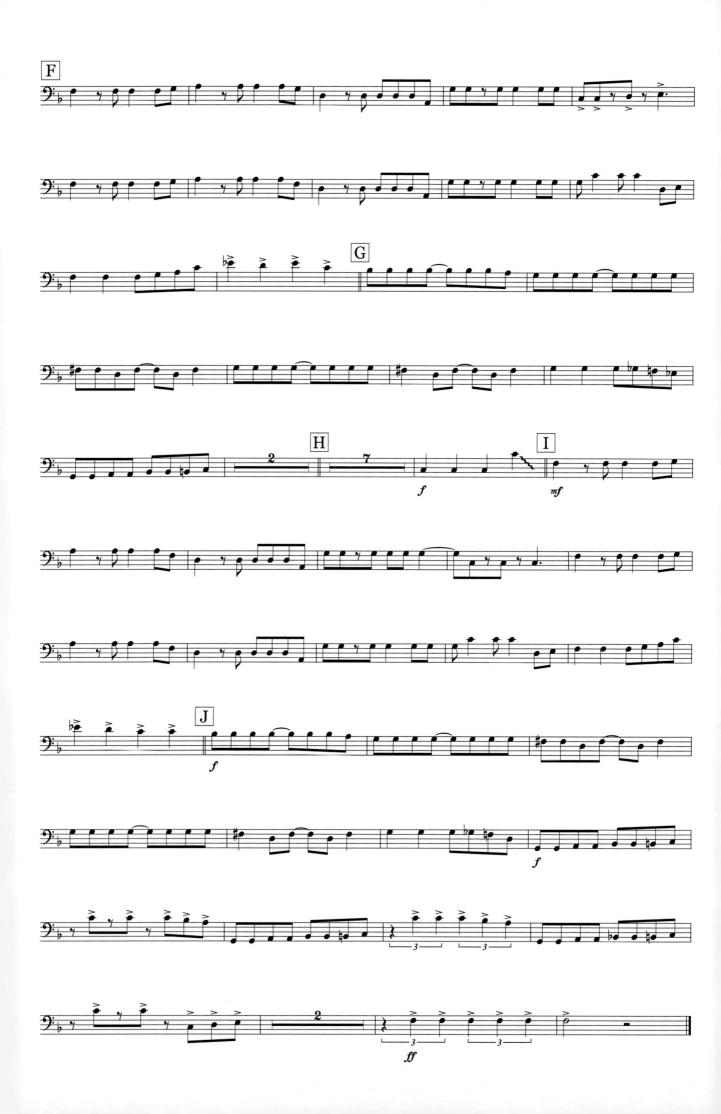

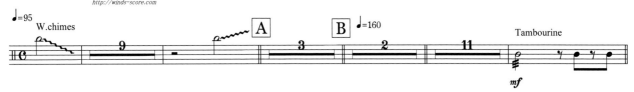
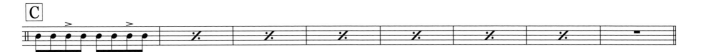

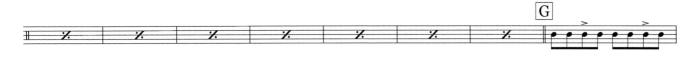
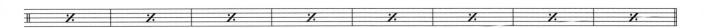

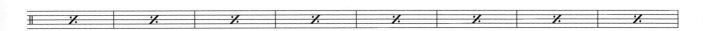

MEMO

Don't Stop Me Now
QUEEN

Percussion 2
(Glockenspiel)

Spielen Musik

Winds Score

comp. by Mercury
arr. by 郷間幹男

MEMO